Concorrências e
licitações no
Mercosul

G963c   Guimarães, Marco Antônio Miranda
         Concorrências e licitações no Mercosul / M. A.
Miranda Guimarães. — Porto Alegre: Livraria do
Advogado, 1997.
         84 p.; 14 x 21 cm.

         ISBN 85-7348-054-8

         1. Mercosul. 2. Licitação. 3. Concorrência internacional. 4. Comércio internacional. I. Título.

                         CDU 339.923(8-13)

         Índice para catálogo sistemático

         Comércio internacional
         Concorrência internacional
         Licitação
         Mercosul

(Bibliotecária responsável: Marta Roberto, CRB 10/652)

M. A. Miranda Guimarães

Concorrências e licitações no Mercosul

livraria
DO ADVOGADO
editora

Porto Alegre 1997

© M. A. Miranda Guimarães, 1997

Capa, projeto gráfico e diagramação
Livraria do Advogado / Valmor Bortoloti

Revisão
Rosane Marques Borba

Direitos desta edição reservados por
Livraria do Advogado Ltda.
Rua Riachuelo, 1338
90010-273 Porto Alegre RS
Fone/fax: (051) 225 3311
E-mail: liv_adv@portoweb.com.br
Internet: http://www.liv-advogado.com.br

Impresso no Brasil / Printed in Brazil

Esta obra é dedicada àqueles que contribuíram para sua elaboração:

Maristela Basso,
Tom Brenner,
Rafael Goidanich Costa,
Bernardo Schuch,
Patrícia Cechinato.

Manifesto especial agradecimento à colaboração da *Dra. Maristela Basso,* que com grande proficiência colaborou na elaboração de parte das pesquisas desta obra.

Sumário

Introdução 11

CAPÍTULO I
Conflitos de leis, de jurisdição e de jurisprudência 13
1. Lei, jurisdição e nacionalidade - confronto com a eficácia das leis no espaço 13
2. Comportamento jurídico adequado 13
3. Lacunas *ab intra* e Lacunas *ab extra* 14
4. Uma análise comparativa das soluções estrangeiras 16
5. Lei e foro não se confundem 16
6. Linha de comportamento dos elementos internacionais .. 17
7. Competência internacional - conflitos positivos e negativos . 18
8. Conjunto de decisões acerca de um mesmo assunto 19
9. A obstacularização dos desvios 20

CAPÍTULO II
Do Mercado Comum e a intenção do Tratado 23
1. Situação comunitária das concorrências e licitações 23
2. Prejuizo à integração 24

CAPÍTULO III
O direito de empresa na nova ordem econômica internacional . 27
1. Evolução do comércio internacional 27
2. Internacionalização 30

CAPÍTULO IV
A atuação das empresas em ordens jurídicas mais favoráveis e as limitações dos sistemas jurídicos 33

1. Internacionalização e Interdependência em
   Mercado Comum 33
2. Estratégia comercial e resultados econômicos 34

CAPÍTULO V
Drawback em exportação para zona de livre comércio é ilegal ... 37
1. Tratado de Assunção 37
2. O que é Mercado Comum 38
3. Zona de Livre Comércio 39
4. Território Aduaneiro 40
5. *Drawback* (Draubaque) 42

CAPÍTULO VI
Mercadoria comunitária com insumo do benefício de
drawback. Violação do Tratado de Assunção 45
1. Mesmo tratamento ao produto nacional - Inteligência do
   art. 7º do Tratado de Assunção................. 45
2. *Drawback* feito por empresa de um Estado-Parte 46

CAPÍTULO VII
Proibição do uso de *drawback* em mercadoria comunitária na
comunidade econômica européia 49
1. Uso de *drawback* em mercadoria comunitária 49
2. Autorização do Tribunal Europeu para agir
   contra o uso inadequado de *drawback* 50

CAPÍTULO VIII
A mercadoria não-comunitária nas concorrências públicas e os
julgamentos de licitação 51
1. Preço das mercadorias originárias de Estados-Partes em
   concorrências internacionais 51
2. Mercadoria com preço considerada comunitária 54
3. Garantias da Constituição Federal 54

CAPÍTULO IX
Fraude à norma alfandegária 57
1. Hipóteses de fraude à lei e os principais elementos de
   conexão 57
2. Diferenças entre elisão fiscal e evasão fiscal 58
3. Simulação, fraude e abuso de direito 62

CAPÍTULO X
Produto nacional 71
   1. Percentual do produto comunitário 71

Conclusão 73

Bibliografia 77

Índice Onomástico 81

Índice Analítico 83

Introdução

As concorrências e licitações internacionais ganharam importância especial depois do evento do Mercosul, especialmente entre empresas cujo país-sede faz parte dos Estados-Membros.

O eventual despreparo para o processo de integração ocasionou distorções que, em alguns casos, passaram desapercebidos pelas autoridades que promovem a concorrência e até mesmo por autoridades alfandegárias.

Países estrangeiros que participam de processos licitatórios ou concorrenciais no Brasil não podem trazer seus produtos com benefício do Tratado de Assunção. Por sua vez, as empresas brasileiras também não podem importar produtos daqueles países com isenção de impostos. Haveria então igualdade quando os produtos em concorrência fossem de origem estrangeira ou tivessem componentes estrangeiros. Mas, na verdade, o que está ocorrendo ao arrepio da lei é que empresas de alguns Estados-Membros, especialmente algumas empresas argentinas, estão interpretando mal o Tratado e se valendo de um despreparo dos controles de exportação para exportar para o Brasil produtos com componentes estrangeiros sem pagar direitos alfandegários, usando os benefícios de *drawback*.

Empresas brasileiras não podem importar com *drawback* para vender produtos internamente, tendo que pagar todos os impostos, da mesma forma que as empresas estrangeiras de países que não fazem parte do Mercosul. As empresas brasileiras são proibidas pelo DECEX - antiga CACEX - de exportar com benefício de *drawback* para outros Estados-Membros que se utilizam do benefício do Tratado. A administração de comércio exterior da Argentina não proíbe ainda esta prática de suas empresas, que estão se aproveitando desta falta de controle para introduzir no Brasil mercadoria com incentivo proibido.

Nesta obra, demontramos porque o Tratado proíbe a utilização de *drawback* concomitante com o benefício da isenção de tarifas. Explanaremos que este tipo de prática é ilegal, viola a lei brasileira do processo de concorrências e licitações, bem como vulnera a "Ordem Pública Brasileira".

Sugerimos que as autoridades julgadoras apreciem com mais rigor as propostas advindas dos Estados-Membros, e desclassifiquem as empresas que apresentem no custo da mercadoria os benefícios do Tratado e somem a isso vantagens de isenção de *drawback* em seus insumos, coisas que as empresas brasileiras não podem fazer, e, portanto, o uso de duplo benefício é prática ilegal.

Ressaltamos o cuidado e a importância que as autoridades administrativas e jurídicas precisam dar a este ponto para evitar o uso ilegal de "duplo benefício", decisões que desde as Cortes Européias nos são trazidas como pacíficas: ou usa *drawback* ou usa o Tratado.

Capítulo I

Conflitos de leis, de jurisdição e de jurisprudência

1. Lei, jurisdição e nacionalidade - confronto com a eficácia das leis no espaço

Sob qualquer aspecto, a complexidade das leis e dos sistemas legais é o ponto mais importante e que exerce maior influência sobre as relações comerciais e civis de um lado e de outro de uma Relação Jurídica. "O comércio internacional, de um lado, e, de outro, a diversidade das leis são o fundamento lógico e social deste ramo do direito a que se assentou de dar o nome, sem dúvida bem apropriado, de internacional privado e que consiste no *conjunto de preceitos reguladores das relações de ordem privada da sociedade internacional*" (Beviláqua, 1906, p. 1). E, partindo destas relações, pode-se obter enunciados acerca de casos singulares. Assim, o exame de cada variável (lei, jurisdição, nacionalidade, etc.) deve entender-se em confronto com a eficácia das leis no espaço.

2. Comportamento jurídico adequado

Por isto a determinação da identificação sistemática integra uma importante tarefa no reconhecimento da aplicação pragmática das normas, quando estas entram em conflito entre si, por razões territoriais de soberania de cada povo.

O que o destinatário da situação deverá fazer para identificar o comportamento jurídico adequado é analisar o problema regulamentar do exercício dos direitos da via internacional, através do método de determinação, ou seja, a identificação dos países interessados pela situação jurídica ou onde a lei se aplicará. Derruppé exemplifica o caso de um acidente de tráfego ocorrido na Espanha entre dois franceses, caso em que há, pelo menos, duas escolhas, entre a lei espanhola e a lei francesa (Derruppé, 1973, p. 43).

Este é o método característico do conflito de leis e a origem dos problemas gerais que se apresentam em todas as regras de conflito, o qual se opõe ao método de [solução direta], de aplicação mais rara, que consiste na elaboração de uma regra material própria à situação jurídica internacional - *convenção internacional*.

3. Lacunas "ab intra" e Lacunas "ab extra"

"Chamado a aplicar o direito, o juiz se não encontra, no ordenamento jurídico, norma capaz de ajustar-se à relação jurídica, está diante de uma lacuna que pode provir (a) *ab intra* da inexistência contingente de norma jurídica ajustável, dentre as que integram o ordenamento jurídico; ou (b) *ab extra*, da inexistência necessária de norma ajustável, dentro do ordenamento jurídico, atenta a presença, na relação jurídica sujeita, de elemento de vinculação a outro ordenamento jurídico". (Cirne Lima, 1964, p. 8.)

Betti define as lacunas *ab extra* como as derivadas da diversidade de Direitos e que são "supríveis pelo apelo a máximas de decisão extraídas de regras jurídicas estrangeiras" (Betti, *apud* Cirne Lima. *Ibid*). "Exatamente do mesmo modo por que as lacunas *ab intra* são supridas pelo recurso a máximas de decisão, deduzidas da totalidade da ordem jurídica". Ibid. - Sobre a concepção da ordem jurídica, veja-se Derruppé (*Opus cit.*, p. 6).

A concepção de soberania não se aparta dessas deduções. "Ao passo que os sistemas legislativos se mantêm distintos e ciosos de sua autonomia, os indivíduos, movidos por vários impulsos, à procura de riqueza, do saber ou do gozo, espalham-se pelo mundo, despreocupados das fronteiras que se erguem cheias de prevenções entre as diferentes soberanias territoriais. Esta penetração recíproca dos povos, esta atração que sobre os indivíduos exercem os centros de maior cultura e as vastas regiões ubertosas, onde o esforço muscular e a energia intelectual se podem rapidamente transformar em abundantes capitais, forçosamente modifica a atitude das nações umas em face das outras e as obriga a atender as feições particulares que assumem as relações jurídicas, desenvolvendo-se em outro plano que não é mais o estreito âmbito das nacionalidades. Surgiu daí o direito internacional privado, que é o direito refletindo esse fenômeno social da mais elevada importância, quer sob o ponto de vista econômico, quer sob o ponto de vista ético: - a expansão da vida humana além das fronteiras nacionais (...). Disse muito bem Asser: (...) 'Não aspiramos à unificação geral do direito privado. Ao contrário, é precisamente a diversidade das leis nacionais que faz sentir a necessidade de uma solução uniforme dos conflitos internacionais'" (Beviláqua, *opus cit.*, pp. 12-3).

Então é preciso que se entenda que "as regras jurídicas de outros Estados estrangeiros, cujas ordens jurídicas com suas regras de direto hão de ser consideradas, pelos juízes de um litígio, quando se cuide da condição dos estrangeiros ou de um conflito de leis, que se produz porque duas leis diferentes entram em concurso quanto a regular relação litigiosa". (Cirne Lima, *opus cit.*, p. 9.), vale dizer "regras de direito que ligam as sociedades."

4. Uma análise comparativa das soluções estrangeiras

Para chegar-se a uma melhor consciência, o *método* referido por Derruppé deve dar-se por um estudo compreensivo da jurisprudência nacional e por uma análise das soluções estrangeiras comparativamente, objetivando o equilíbrio entre as exigências dos interesses nacionais e daqueles da via internacional por uma aproximação dos sistemas estrangeiros coordenadamente.

5. Lei e foro não se confundem

Dentro deste espírito é que há uma real necessidade de aplicar-se o direito estrangeiro, por uma "razão superior de justiça" (Beviláqua, *Opus Cit.*, p. 71), desde que as leis de um Estado são insuficientes ou inadequadas e "é a lei estrangeira que revela o direito, ela é que deve ser aplicada" (*Ibid*), exatamente porque Betti denomina-a "lacuna" *ab extra*. O conflito de leis pressupõe um consentimento à aplicação, o que determina uma dissociação, uma desvinculação, entre a lei aplicável e a jurisdição, vale dizer, *lei* e *foro* não se confundem.

Não se pode esquecer que, além do conflito de leis internacionais, também há o conflito interno, ou seja, conflito de normas entre Estados-membros, ou províncias, como o exemplo das legislações norte-americana, francesa, argentina, etc.

Mas os conflitos internacionais situam-se em ambientes diferentes com princípios diferentes e o que se chama de ordem pública e soberania.

A ordem pública dentro de um Estado é o que lhe distingue a soberania, e é ele o limite estabelecido pela soberania para a aplicação de uma norma estrangeira. O conceito de ordem pública difere de país a país.

A aplicação da lei se torna, na verdade, uma equação lógica, que tem como variáveis as leis e seus pontos de conexão, sistema de conflitos e a ordem pública; variáveis que devem ser identificadas de país a país, caso a caso.

6. Linha de comportamento dos elementos internacionais

Lato sensu, "conflito de jurisdição" significa a designação do direito processual civil aplicável "a uma linha de comportamento dos elementos internacionais". (Derruppé, *opus cit.*, p. 99).

Assim, uma lei que vigora em outro Estado pode ser aplicada pelo Judiciário do país, ou leis diferentes de diversos países serem aplicáveis a casos a serem decididos em um determinado país. Exemplificadamente, um contrato entre partes de países diferentes e que elegem o foro de um país neutro, mas a lei de um outro país, igualmente neutro. Contudo, sempre se deverá atentar para a necessidade da observância dos princípios de ordem pública de cada país e da eficácia do resultado da solução.

Por exemplo, no Brasil, um processo que teve desenvolvimento regular nos Estados Unidos poderá não ser homologável, desde que é muito comun que as decisões de algumas jurisdições americanas não fundamentam as suas sentenças, ou o seu sistema de citação não se faça pessoalmente, quando a ordem pública brasileira considera necessária a citação pessoal e indispensável a fundamentação.

A regra de outro país é tão significativamente vigente, que o Supremo Tribunal Federal a equipara à lei federal brasileira para efeito de recurso extraordinário. Portanto, restringir ou negar vigência de lei estrangeira aplicável é suficiente para justificar recurso de cunho extraordinário.

7. Competência internacional - conflitos positivos e negativos

Os conflitos poderão ser positivos ou negativos, dependendo da competência internacional que poderá ser concorrente ou exclusiva.

A jurisdição estrangeira é reconhecida, em geral, pelos Estados mais evoluídos; por conseguinte, as sentenças de um país serão exeqüíveis em outro; pelo menos, regras processuais identificarão quando uma jurisdição for ou não competente para julgar um caso. De forma que teremos regras que excluirão a competência de um país para outro, acatando como competente a jurisdição do outro país.

Assim, temos conflitos positivos ou negativos, de modo que a competência internacional poderá ser concorrente ou exclusiva. A lei determinará a competência exclusiva e deixará a competência concorrente, que poderá desenvolver-se em cada país ao mesmo tempo. Alguns acreditam que o processo em outro país induz à litispendência; não é o caso do Brasil. É lógico concluir, então, a admissão de uma sentença estrangeira dentro de uma jurisdição de país diverso do que prolatou.

8. Conjunto de decisões acerca de um mesmo assunto

Cada país, em sua jurisdição, apresenta o conjunto de decisões acerca de um mesmo assunto ou coleção de decisões, e são estas decisões que orientam o destinatário no seu comportamento. Mais nos países de lei "abstrata" do que nos países de lei "concreta", onde a doutrina atuará com maior influência sobre as decisões - a boa doutrina, ainda que contrariada pela jurisprudência, sempre indicará o caminho evolutivo daquela jurisprudência. Mas ao destinatário caberá pesar que o ponto exato da mudança da concretização pela jurisprudência sempre poderá acontecer, em qualquer decisão, e que o conjunto de decisões mais a doutrina indicarão a probabilidade e a possibilidade de que determinada situação é mais adequada naquele momento. E por esta razão o sistema norte-americano terminologicamente designa que um advogado tente um caso (*try a case*).

9. A obstacularização dos desvios

A obstacularização dos desvios deve e pode ser feita pelas autoridades do Estado-Membro receptor das mercadorias, aplicando penalidades aos casos conforme a necessidade e prescrição da legislação para os casos de tentativa de fraude à lei. Poder-se-ia dizer que *drawback* ou Draubaque é uma figura jurídica de direito interno e que se aplica à exportação, e que uma venda da Argentina para o Brasil é uma exportação, logo, se a Argentina permite o Draubaque, então não cabe ao Brasil intrometer-se nesta questão? Errado.

Por todo o exposto acima, temos de verificar a aplicação da lei que regula o Draubaque na Argentina e veremos que lá o benefício não se aplica aos casos em que a mercadoria se direcione para o mesmo território aduaneiro. Lembramos, adiante, nesta monografia, que o Mercado Comum é a unificação dos territórios aduaneiros, que o conceito de território aduaneiro evoluiu com o conceito de Mercado Comum. E veremos que as autoridades brasileiras, administrativas e jurisdicionais, em relação às mercadorias comunitárias, estão autorizadas "a tomar" [...] "medidas de proteção destinadas a obstar os riscos de desvios de tráfego ou de dificuldades econômicas", isto porque "com efeito, a assimilação de mercadorias provenientes de países terceiros e colacadas em livre prática num dos Estados-Membros aos produtos orignários dos Estados-Membros só pode aceitar-se plenamente se se supuser que estas mercadorias foram sujeitas às mesmas condições de importação, aduneiras e comerciais, qualquer que seja o Estado no interior do qual a colocação em livre prática tenha tido lugar"[1].

O que o Tribunal Europeu deixa claro é que uma mercadoria de um Estado-Membro, por exemplo da Inglaterra, que é exportada a outro Estado-Membro, por exemplo França, que recebe componentes (insumos) de um Terceiro país não-membro, por exemplo Brasil, não pode receber este insumo com benefício de draubaque. Se isto ocorrer e as autoridades Inglesas permitirem a saída da mercadoria para a França com este regime, então, as autoridades francesas estão autorizadas a tomar as medidas necessárias para obstacularizar a ocorrência deste desvio; por exemplo, se for uma licitação, rejeitar a mercadoria; se forem as autoridades alfandegárias, rejeitar o ingresso da mercadoria como mercadoria comunitária, taxando-a como mercadoria comunitária e aplicando as sanções cabíveis, caso intencional (dolo) aplicar-lhes as penalidades para tal, inclusive multas de ordem material e ordem formal.

---

[1] Tribunal de Justiça Europeu, decisão de 5.3.86, TEZI, processo n. 242, Col. p. 933, citado por Campos, João Mota. "Direito Comunitário". v. III, Lisboa: Fundação Calouste Gulbenkian. 1991. pp. 86-7.

Capítulo II

Do Mercado Comum e a intenção do Tratado

1. Situação comunitária das concorrências e licitações

Trata-se de problema sério que as indústrias brasileiras vêm enfrentando em relação à concorrência injusta com empresas argentinas.

As empresas argentinas estão se beneficiando do Tratado de Assunção, bem como somam a esse benefício um outro benefício ilegal, que é o uso de *drawback* na mercadoria comunitária.

O Brasil, através do DECEX (antiga CACEX), não permite que as empresas brasileiras exportem para os países do Mercosul mercadorias que tenham se beneficiado do regime de *drawback*. Ao contrário, a Argentina permite, ocorrendo, assim, uma concorrência injusta.

Se as autoridades argentinas nada fazem para coibir esta ilegalidade, cumpre então às autoridades brasileiras fiscalizarem para impedir esses abusos e se oporem a concorrências e licitações que tenham vício deste matiz.

2. Prejuízo à integração

O Brasil age de uma maneira; a Argentina, de outra. O Brasil sai prejudicado, a integração sai prejudicada.

O mercado que se criou com o Mercosul tem a intenção de se transformar em Mercado Comum nos próximos anos. Para alcançar-se o estágio final de Mercado Comum, é preciso passar por fases de adaptação. Algumas dessas fases provocam distorções e anomalias, e alguns aproveitadores, tentando estribar-se em pseudofalhas da lei, violam os seus princípios e objetivos sociais com intenção egoística, cujo comportamento coloca em risco o futuro de todo o sistema integrativo dos mercados existentes.

Como a lei é um conjunto de princípios e regras abstratas, toda e qualquer situação deve ser analisada sob a interpretação harmônica e sistemática das normas existentes em cada ordenamento jurídico.

Empresas do Mercosul importam de outros países os insumos para a fabricação do seu produto final, utilizando-se do *drawback* para não pagar tributos de importação, e dos benefícios tributários do Mercosul, colocando os seus produtos e serviços no mercado brasileiro a um preço final muito inferior ao de mercado.

Isto significa que a empresa do outro Estado-Membro importa a matéria-prima para fabricar o seu produto, com isenção de imposto, beneficiando-se ilegalmente com isto, em detrimento das empresas brasileiras que não podem se utilizar do benefício.

Isto acarreta um desequilíbrio entre as empresas brasileiras e as empresas de outros países integrantes do Mercosul. Tem-se, ainda, flagrante ilegalidade, ferindo, desde os princípios mais elementares do nosso Direito, até a própria Constituição Federal.

Aduzimos que foge, especialmente, dos propósitos e preceitos do Tratado de Assunção.

Capítulo III

O direito de empresa na nova ordem econômica internacional

1. Evolução do comércio internacional

Após a II Guerra Mundial, os Estados e, conseqüentemente, as empresas se dão conta da sua não-auto-suficiência e se reforça a mentalidade de que a cooperação é condição essencial de desenvolvimento e que essa deve ser obtida além dos limites das fronteiras dos Estados. O período entre 1929 e 1939 viu a multiplicação das técnicas protecionistas, das práticas desleais (*dumping*, subvenções às exportações), da cartelização do comércio mundial, das desvalorizações monetárias concorrenciais, da prática das taxas de câmbio múltiplas, do confisco de capital estrangeiro, etc. Em outros termos, a II Guerra Mundial foi precedida por uma intensa guerra econômica e comercial.

Foi nesse contexto que os redatores da Carta Econômica da ONU, em 1945, tiveram o cuidado de incluir os princípios de "paz econômica" e de "cooperação econômica" como fundamentos da Organização das Nações Unidas.

Os tratados constitutivos das grandes organizações internacionais econômicas (FMI, BIRD, GATT, etc.) também refletem a filosofia neoliberal essencialmente inglesa e norte-americana que inspirou a Carta do Atlântico de 1941, descortinando o que passaria a ser o "mundo melhor" do pós-guerra. Assim sendo, os esquemas anglo-americanos (por exemplo os planos White e Keynes para o FMI) projetaram uma estrutura política e econômica nacional no âmbito internacional.

O GATT pode ser considerado como a consagração do livre comércio organizado. A criação do FMI é a conseqüência da necessidade de manter uma certa estabilidade cambial a fim de promover o comércio e os pagamentos internacionais. GATT e FMI foram criados em 1944 pelos acordos de Bretton Woods, através dos quais os Estados fixaram uma nova "ordem econômica mundial", onde o desenvolvimento estaria vinculado à cooperação econômica mundial e teria como alicerce o comércio internacional organizado.

Tomam impulso, portanto, a atividade mercantil e internacional e a circulação internacional de mercadorias, serviços e pagamentos.

Começam a ficar claros os princípios fundamentais dessa nova ordem econômica do imediato pós-guerra:

a) internacionalização dos negócios;
b) surgimento de parcerias empresariais;
c) empresas multinacionais;
d) esforços dos países menos industrializados de desenvolver suas exportações e buscar condições de competitividade mais vantajosas no comércio mundial.

Como resultados da liberalização do comércio, temos a criação internacional das riquezas e a mobilidade dos fatores de produção: mão-de-obra e capital.

Em 45 anos (1945-1990), o volume do comércio internacional foi multiplicado por 60, e o fator principal dessa realidade é o direito de liberdade de organização e de realização de negócios reconhecido às empresas a partir de então.

Raríssimos são hoje os países cuja moeda não é conversível e transferível, e as moedas utilizadas no comércio internacional não são mais objeto de restrições cambiais. Porém, esse sistema, ainda hoje, não está livre de restrições. Como se sabe, o protecionismo continua vigorando naqueles mesmos países que lutaram para a sua eliminação; o comércio dos serviços, não obstante os progressos da Rodada Uruguai do GATT (já aprovada pelo Congresso Nacional) é ainda objeto de muitas restrições; os pagamentos internacionais são submetidos a inúmeras regras nacionais que os tornam mais difíceis; o sistema de taxas de câmbio flutuantes dificulta o comércio internacional. Além do mais, os investimentos estrangeiros não têm um padrão internacional homogêneo, e continua vigorando uma pluralidade de regimes fiscais de ordenamentos distintos.

A nova ordem econômica mundial, do pósguerra, não conseguiu apresentar soluções a estas restrições apontadas. Daí por que já se fala de uma "Nova Ordem Econômica Mundial" ou uma "Novíssima Ordem Econômica Internacional". Enquanto alternativas não forem encontradas aos problemas decorrentes da pluralidade de regimes fiscais de ordenamentos distintos, p. ex., as empresas podem escolher uma ordem jurídica mais favorável, o que não se traduz necessariamente numa ausência de tributação, podendo os objetivos dos empresários satisfazer-se com uma tributação mais moderada.

2. Internacionalização

Tal realidade decorre da internacionalização dos negócios, da necessidade de as empresas desenvolverem as suas exportações, de buscar melhores condições de competitividade no comércio mundial, de baratear o custo final de seu produto, aumentando as suas condições de inserimento no mercado internacional, e de ter acesso a tecnologias mais avançadas.

As parcerias empresariais, dado marcante do pós-guerra, através das *joint venture* internacionais, correspondem a uma forma ou método de cooperação entre empresas para a realização de um projeto específico, uma aventura comum, independentemente da forma jurídica adotada: societária ou somente contratual.

As empresas multinacionais, ou transacionais, desempenham, no contexto do comércio internacional, um papel inegável. Em 1984, das 100 maiores entidades econômicas mundiais, 45 eram empresas multinacionais, que tendem a criar um espaço econômico próprio (eurocréditos). É bem verdade que durante muito tempo as empresas multinacionais foram acusadas de perturbar e desafiar as ordens jurídicas nacionais e internacionais. Hoje em dia, porém, tal mentalidade não mais prospera, haja vista o papel das multinacionais no desenvolvimento do comércio internacional.

Todas essas alternativas de acesso a outros mercados e expansão comercial transfronteira são alternativas lícitas e resultantes da prática de mercados e do saudável esforço de formação de riquezas e de mobilidade dos fatores de produção.

A faculdade voluntária de opção ou escolha racional de que gozam os empresários de buscar novos mercados, de escolher, para sede de seus negócios, ordens jurídicas onde a tributação seja mais moderada, onde há melhor mão-de-obra, onde é menor a manipulação das taxas de juros internas e das taxas de câmbio, onde poucos ou inexistentes são os riscos de programas de privatização, onde são razoáveis os códigos que disciplinam os investimentos estrangeiros e as leis de remessas de lucros, sedimentou-se, portanto, com base nos princípios da própria ordem econômica mundial.

As expressões "planejamento fiscal" (*tax planning*), "montagens fiscais", "arquitetura" ou "engenharia fiscal" significam o saudável planejamento das empresas no uso e gozo de seus direitos de opção e liberdade de estabelecimento e realização de negócios. Não significam procedimentos ilícitos ou manobras patológicas, pelos quais o empresário viola a sua obrigação tributária, ou recusa-se ao seu cumprimento, ou ainda, abusa de situações que aparentam ser lícitas.

Através do "planejamento fiscal" busca-se, muitas vezes, evitar a aplicação de certa norma ou conjunto de normas através de atos ou conjunto de atos que visam a impedir a ocorrência do fato gerador da obrigação tributária em certa ordem jurídica menos favorável, ou produzam a ocorrência desse fato noutra ordem jurídica mais favorável.

O caráter mais favorável da ordem jurídica escolhida não se traduz, necessariamente, numa ausência de tributação, podendo implicar simplesmente uma tributação mais moderada. Todavia, isto se distancia do subterfúgio, da fraude, do abuso, do desvio.

Capítulo IV

A atuação das empresas em ordens jurídicas mais favoráveis e as limitações dos sistemas jurídicos

1. Internacionalização e Interdependência em Mercado Comum

A decisão de internacionalização das empresas desencadeia, no campo do Direito, diferentes aspectos e novas figuras que vão desde a proteção do produto (marca, nome), o transporte da mercadoria (frete, seguro, embalagens), o objeto da relação comercial (compra e venda, locação de equipamentos), a proteção das partes (garantias, créditos documentários), a circulação nos mercados externos (agenciamento, representação), até as modalidades de penetração (*joint venture, leasing, factoring, franchising, management*, engenharia de consulta).

As unidades produtivas quando se internacionalizam se deparam com circunstâncias totalmente desconhecidas, como a concorrência externa, as barreiras alfandegárias, o problema das marcas e sua proteção, o transporte, os canais de distribuição, o emprego das moedas, e a experiência adquirida no mercado nacional resulta insuficiente, quando não inútil.

Só recentemente a economia latino-americana está tomando consciência de sua interdependência com as economias do resto do mundo e da importância disso para a sua balança de pagamentos, para o desenvolvimento de suas exportações não-tradicionais e a melhoria tecnológica de suas indústrias.

Partindo da teoria econômica, ou mesmo da análise jurídica do comércio internacional, percebemos que uma empresa hoje se move em dois mercados: o nacional e o internacional, cada um com suas próprias regras e normas que comandam o fluxo de bens e serviços. Os produtos não circulam somente em mercados e economias diferentes, como também através de sistemas jurídicos distintos.

Quando um empresário brasileiro participa de negócios além de suas fronteiras, estará sujeito às leis dos países em que atua. As normas estrangeiras podem ser aplicadas a transações em que a jurisdição não esteja claramente estabelecida.

Cumpre-nos observar que os direitos, exceções e reservas que as leis estrangeiras estipulam são de interesse vital para os operadores, pois elas afetam as relações comerciais como também o produto no que se refere à marca, nome ou a canais de distribuição.

A explicação para a atividade do empresário no exterior podemos encontrar na velha teoria desenvolvida há mais de um século por David Ricardo e John Stuart Mill, quando apresentaram a *"teoria das vantagens comparativas ou dos custos comparativos"* segundo o qual, o desenvolvimento do comércio internacional se deve às diferentes tecnologias e às diferenças no custo dos fatores de produção.

Poderíamos acrescentar também, se nos fosse possível colaborar com tal teoria, as diferentes ordens jurídicas e a possibilidade de o empresário atuar naquelas mais favoráveis e, ainda, atuar contra as distorções que prejudicam o mercado.

2. Estratégia comercial e resultados econômicos

Como bem coloca Carlos Rodriguez-Pastor: "Graças ao comércio internacional, que é fruto da divisão do trabalho entre as nações, uns países exportam aquilo que produzem com menor custo em troca do que outros por sua vez estão em condições de prover por valores mais baixos. Os países que seguiram uma estratégia comercial aberta ao exterior mostram resultados econômicos favoráveis em relação àqueles que buscaram a auto-suficiência à base de políticas restritivas e protecionistas. A recompensa dos primeiros, expressada no aumento de ingressos, nas exportações, no emprego e na economia, é resultado tanto da melhor utilização dos recursos econômicos que derivam da competência quanto das oportunidades que brinda o livre fluxo de bens, serviços, capitais e tecnologia." (1550. p. XVI).

Este circuito internacional estabelece um sistema de vasos comunicantes entre as disposições legais e técnicas de cada mercado (nacional) com aqueles do comércio mundial.

Do que se conclui que os resultados das políticas econômicas dos nossos países e suas normas técnicas devem ser analisadas, em grande parte, com base na forma em que se analisa o intercâmbio.

Capítulo V

"Drawback" em exportação para zona de livre comércio é ilegal

1. Tratado de Assunção

A base do Tratado de Assunção é a aceleração do processo de desenvolvimento econômico com justiça social, considerando que a condição fundamental para isso é a ampliação das atuais dimensões dos mercados nacionais de cada Estado-Membro.

Com o compromisso de harmonizar suas legislações para atingir o processo de integração, já estabeleceu este Tratado, em seu artigo 7º, o seguinte:

"Em matéria de impostos, taxas e outros gravames internos, os produtos originários do território de um Estado-Parte gozarão, nos outros Estados-partes, do mesmo tratamento que se aplique ao produto nacional."

Na leitura deste artigo, já se percebe a discrepância com relação ao tratamento dado à concorrente argentina e à concorrente brasileira.

Isso fica ainda mais nítido com a leitura da Letra *d* do art. 8º do Cap. I do Tratado de Assunção:

"estenderão, automaticamente aos demais Estados-Partes, qualquer vantagem, favor, franquia, imunidade ou privilégio que concedam a um produto originário de ou destinado a terceiros países não membros da Associação Latino Americana de Integração."

2. O que é Mercado Comum

Mercado Comum é uma integração econômica de forma ampla, sem que os países abdiquem de sua soberania. O Mercado Comum é composto de três elementos: zona de livre comércio, união aduaneira e livre trânsito de pessoas, trabalho e serviços.

Numa formação de Mercado Comum, seguem-se etapas, tradicionalmente usadas pelos países em união e que foram utilizadas na formação do sistema do Mercado Comum Europeu.

O Mercado começa a surgir como um propósito, que demonstra a intenção dos Estados de se integrarem economicamente e delimitam a amplitude dessa integração.

Na Europa, deu-se com o objetivo de uma completa integração. Primeiro, criou-se uma zona de livre comércio; depois, evoluiu-se para uma união aduaneira, até que se alcançou o estágio em que houve a livre circulação de pessoas, trabalho e serviço.

Zona de Livre Comércio significa que os Estados resolvem levantar as suas barreiras tributário-aduaneiras aos produtos de outros Estados que integram a nova Zona. Os produtos dos países Estados-Parte circulam no Mercado Comum sem impostos.

Já a União Aduaneira pressupõe a existência da Zona de Livre Comércio.

A União Aduaneira dá tratamento igual às mercadorias provenientes de países fora da Zona de Livre Comércio em união; isto é, os países em "União Aduaneira" comprometem-se a dar a mesma tarifa para produtos estrangeiros (alienígenas ao território da União). Conseqüentemente, o Imposto de Importação para os produtos que se originam de países que não fazem parte do Mercado Comum deverá ter a mesma alíquota.

Esta alíquota tem uma função protecionista, com o objetivo de atingir o equilíbrio, a isonomia entre as partes, na defesa dos interesses coletivos.

Então, o objetivo de um Mercado Comum é o de ampliar, em todos os sentidos, o Território Aduaneiro, porque a zona de "Livre Comércio" amplia o Território Aduaneiro, incluindo a fronteira dos países-membros. Esta ampliação é limitada, porquanto ela apenas garante que não haverá tarifa (Imposto de Importação ou restrições à entrada de mercadorias) quando a mercadoria for proveniente de um país dentro da Zona (um Estado-Parte).

Diz-se que a ampliação é limitada, porque na Zona de Livre Comércio os produtos provenientes de países fora da Zona não têm tratamento igual em todos os países. Cada país tarifa produtos estrangeiros como quiser.

É com a União Aduaneira, portanto, que a ampliação do Território Aduaneiro se completa.

3. Zona de Livre Comércio

A Zona de Livre Comércio é a ampliação do Território Aduaneiro do país importador em relação às mercadorias que se originam de países intergrantes da Zona. Se a Zona é extensão do Território, não se pode considerar utilizar qualquer tipo de benefício ou isenção que seja aplicável em casos em que as mercadorias se destinam a outros países fora do Território (que não é Estado-Parte).

Aqui ocorre uma distorção em face da soberania de um Estado em relação a outro. Quem impõe o Imposto de Importação da mercadoria a ser exportada de um país da Zona para outro também da Zona é o país importador.

Mas quem impõe o imposto ou isenta de imposto os insumos dos produtos é outro país, porque na Zona de Livre Comércio se respeita a soberania, tal qual num Mercado Comum completado.

4. Território Aduaneiro

O Território Aduaneiro "é aquele sob jurisdição de alfândega" (Sosa, 1992, p. 45). Não se pode confundir território aduaneiro com território nacional. O território aduaneiro, para os efeitos da lei aduaneira brasileira, compreende o território nacional. Esta definição da lei estende-se pelo Tratado de Assunção que influi no conceito quando amplia o limite de território aduaneiro aos países que integram o Mercosul, criando-se o conceito de "território aduaneiro comunitário".

Isto se vê porque foi o que aconteceu no conceito de território aduaneiro no Mercado Comum Europeu, formando o que João Mota de Campos denomina de "espaço aduaneiro comunitário".

Ora, território é toda a extensão de superfície, uma área geograficamente delimitada, onde atuam determinadas regras e sobre a qual o controle aduaneiro exerce a sua autoridade.

O velho, estático e ultrapassado conceito de Território, com o advento dos mercados comuns, evoluiu de "área geográfica sobre a qual se exerce uma jurisdição" para uma "área geográfica sobre a qual incidem normas eficazmente". E aqui é importante distinguir que o conceito de jurisdição tem natureza processual, e os conceitos de âmbito de eficácia e de âmbito de incidência de uma norma têm natureza material.

O conceito de território está ligado à área delimitada, geograficamente, e que esteja contido no âmbito de incidência de uma norma determinada, concomitantemente, ao seu âmbito de eficácia.

Não basta, para caracterizar-se o território, o âmbito de incidência, mas, sobretudo, o de eficácia.

Pelo art. 1º do Regulamento Aduaneiro, hoje, território aduaneiro se confunde com o território nacional, entretanto, existem exceções que estão inseridas no Regulamento, e existe a extensão do território em decorrência do Tratado do Mercosul, extensão parcial.

O território é composto de zonas de vigilância aduaneira (primária e secundária) de processamento de exportação e as zonas francas. Essa zonas são delimitadas pelas linhas aduaneiras.

E daí decorre uma série de conceitos de recintos aduaneiros, terminais alfandegados, estações aduaneiras, terminais portuários.

Tudo isso existe para determinar o âmbito de incidência e o de eficácia de uma norma.

Por isto é que o território aduaneiro se estende além da delimitação de sua fronteira geográfica, limitadamente, pela extensão de sua zona.

Isto está claro no próprio considerando do Tratado de Assunção, que percebe o objetivo de "que a ampliação das atuais dimensões de seus mercados nacionais", e a livre circulação de mercadorias através da eliminação dos direitos alfandegários e de quaisquer restrições de circulação, e para tanto cria mecanismos e princípios para que "os produtos originários do território de um Estado-Parte gozarão, nos outros Estados-Partes, do mesmo tratamento que se aplica ao produto nacional" (artigo 7º).

5. "Drawback" (draubaque)

O *drawback* é uma não-incidência de imposto quando uma mercadoria entra e sai do território aduaneiro, ainda que esta tenha ingressado para incorporar-se a outra mercadoria. O *drawback* existe justamente porque essa mercadoria não está somente ingressando no território aduaneiro, mas será utilizada fora dele. Se ela entra para sair, a incidência de um tributo não se justifica.

Daí se aplica a modalidade de suspensão, a mais comum, quando a mercadoria que entra para ser exportada não paga imposto. Toda mercadoria que entra no país paga imposto, mas nesse caso, a autoridade aduaneira suspende a aplicação do imposto durante o período de tempo estipulado como razoável para se concluir que será reexportado.

Assim, o importador da mercadoria compromete-se a reexportar. Sendo exportada, não haverá a incidência do tributo, porque a mercadoria não ingressou para ficar no território.

Poderá ter isenção de imposto o importador de uma mercadoria semelhante a outra que já tenha sido usada para um mesmo fim, como se fosse uma substituição de um bem por outro, porque os impostos já teriam sido pagos, e a finalidade não foi para o consumo no território, e sim fora dele, o que permite que se faça uma compensação, desde que mediante aprovação da autoridade aduaneira.

Outra modalidade é a restituição dos tributos pagos após a comprovação da exportação. Isto se dá porque a lei reconhece que o imposto deve incidir quando a mercadoria ingressar e for consumida dentro do território.

Capítulo VI

Mercadoria comunitária com insumo do benefício de "drawback".
Violação do Tratado de Assunção

1. Mesmo tratamento ao produto nacional - Inteligência do Art. 7º do Tratado de Assunção

Se o *drawback* se aplica para que não se paguem impostos quando mercadoria de origem estrangeira for importada com o fim de ser remetida para outro território, então, o *drawback* não pode ser usado para consumo dentro do mesmo território, isso equivale dizer que se alguém do Brasil importar mercadoria para uso dentro de nosso território aduaneiro, não poderá receber o benefício da Lei.

Ora, se um Estado integrante da zona de livre comércio quiser exportar para o Brasil, não estará sujeito ao regime aduaneiro brasileiro, porque sua mercadoria se encontra dentro da Zona, que está contida no território aduaneiro brasileiro e por isso não incide o imposto.

O Tratado não cria apenas uma alíquota zero, mas também direitos e obrigações, tendo objetivos sociais, econômicos e integrativos. O Tratado de Assunção usa as expressãos "interconexões físicas" e "consolidação de grandes espaços econômicos"; ambas têm uma importância conceptual relacionada causalmente com o conceito de "Território Aduaneiro".

O Tratado faz a "interconexão física" entre os "Territórios Aduaneiros" dos Estados integrantes, "consolidando grandes espaços econômicos".

Em seu art. 7º, diz que "os produtos originários do território de um Estado-Parte gozarão, nos outros Estados-Partes, do mesmo tratamento que se aplique ao produto nacional".

Assim, quando um Estado-Parte importa um produto, que é insumo de seu produto final, para vender a outro Estado-Parte, o tratamento a ser aplicado a este produto deve ser o mesmo dado ao produto nacional. Isto significa que se para o produto nacional incidem impostos na importação de insumos, então, o produto originário do Estado-Parte também deve ter o mesmo tratamento: pagar imposto de importação no seu território.

2. "Drawback" feito por empresa de um Estado-Parte

Drawback feito por empresa de um estado-parte que exporta para outro estado, também parte, e sua mercadoria contém insumos que se beneficiaram de *drawback*, não pode ter aceita a sua mercadoria como comunitária e valer-se do Tratado, porquanto estaria contrariando texto expresso do art. 7º, tendo-se tratamento desigual, quando a norma prevê o mesmo tratamento. Isto está claro, basta ver que no Mercado Comum Europeu existe o mesmo dispositivo. No seu artigo 10 diz textualmente que os produtos originários de um Estado-Parte gozarão, nos outros Estados-Parte, do mesmo tratamento que se aplique ao produto nacional, e esclarece no próprio texto da lei que só podem ser admitidos como beneficiados pelo Tratado desde "que não tenham beneficiado de *drawback* total ou parcial desses direitos ou encargos"

Considerando a situação de União Aduaneira, conclui-se que o *drawback* não pode ser aproveitado por Estado-Membro, pois seria duplo benefício: o da alíquota comum do Tratado e o do *drawback*.

João Mota de Campos (1991, p. 86) explica que não se admite o *drawback* de um Estado-Parte para outro porque o Tratado determina

"[...] um desarmamento alfandegário interessa se total e definitivo, extensivo à generalidade das mercadorias originárias dos países - com a ressalva de que, neste último caso, se achem em livre prática num Estado membro, isto é, hajam sido regularmente importadas e portanto submetidas à aplicação da pauta aduaneira comum no ato da sua importação no espaço aduaneiro comunitário".

A este respeito, o art. 10, nº 1, do Tratado CEE dispõe que: "[...] Consideram-se em livre prática os produtos de um Estado-Membro os produtos provenientes de países terceiros em relação aos quais se tenham cumprido as formalidades de importação e cobrado os direitos aduaneiros ou encargos de efeito equivalente exigíveis neste Estado-Membro, e que não tenham beneficiado de draubaque total ou parcial desses direitos ou encargos".

Desta forma, a *mercadoria comunitária* que contiver insumos importados de terceiros países não pode conter insumos que tenham se beneficiado de *drawback*, porque numa situação dessas à *mercadoria* não teria sido dado o "mesmo tratamento que se aplique ao produto nacional".

E, pelas autoridades fiscais, deverá haver a restrição ao *trânsito comunitário interno*, devendo ser aplicado o procedimento do *trânsito comunitário externo*, pois a mercadoria não é comunitária. Conseqüentemente, a Alfândega do país comunitário importador poderá e deverá apreender mercadoria que for importada, aplicando as sanções previstas para o procedimento do *trânsito comunitário externo*.

Capítulo VII

Proibição do uso de "drawback" em mercadoria comunitária na comunidade econômica européia

1. Uso de "drawback" em mercadoria comunitária

O uso de *drawback* em Mercadoria Comunitária traria conseqüências desastrosas para a integração européia.

O Mercado Comum Europeu, em processo de integração mais avançado que o Mercosul, teve solução bastante pertinente para o caso que estamos analisando.

Cientes de que tal situação teria conseqüências desastrosas para todos os países da Comunidade, já há previsão legal expressa para o fato.

O art. 10 do Tratado CEE dispõe que :

"Considera-se em livre prática num Estado-Membro os produtos provenientes de países terceiros em relação aos quais se tenham cumprido as formalidades de importação e cobrando os direitos aduaneiros ou encargos de efeito equivalente exigíveis nesse Estado-Membro, e que não tenham se beneficiado de *drawback* total ou parcial."

2. Autorização do Tribunal Europeu para agir contra o uso inadequado de "drawback"

O Tribunal Europeu autoriza as autoridades dos Estados-Membros a agir contra os riscos dos desvios ocasionados pelo uso inadequado de *drawback*, nos casos em que pese a absoluta clareza do artigo, bem como os seus objetivos. Analizamos um Acórdão do Tribunal de Justiça de 5.3.86, Tezi, processo nº 242/84, Col. p. 933:

> "Com efeito, a assimilação de mercadorias provenientes de países terceiros e colocadas em livre prática num dos Estados-Membros aos produtos originários dos Estados-Membros só pode aceitar-se plenamente se se supuser que estas mercadorias foram sujeitas às mesmas condições de importação, aduaneiras e comerciais, qualquer que seja o Estado no interior do qual a colocação em livre prática tenha tido lugar.
> Quando tal não for o caso, a Comissão tem o poder de, com fundamento no art. 115, autorizar os Estados-Membros a tomar, em relação a estas mercadorias, medidas de proteção destinadas a obstar aos riscos de desvios de tráfego ou de dificuldades econômicas." (João Mota de Campos, pp. 86 e 87).

Outras questões que devem estar em pauta são se as partes podem determinar a seu arbítrio a legislação aplicável, ou se podem tirar proveito das normas conflitantes para beneficiar-se daquela que lhes é mais vantajosa.

Capítulo VIII

A mercadoria não-comunitária nas concorrências públicas e os julgamentos de licitação

1. Preços das mercadorias originárias de Estados-Partes em concorrências internacionais

A licitação em concorrência internacional deve considerar o preço das mercadorias originárias de outro Estado-Parte, mas desconsiderar o preço equivocado de mercadoria não-comunitária colocada como comunitária em afronta ao Tratado. A legislação brasileira é bastante objetiva no que tange ao caso concreto. Partamos da Lei Especial que regula as licitações e os contratos administrativos, a Lei 8.666, de 21.06.93, por ser esta bastante clara sobre o tema. O Art. 3º da referida Lei reza:

"A licitação destina-se a garantir a observância do *princípio constitucional da isonomia* e a selecionar a proposta mais vantajosa para a Administração e será processada e julgada em estrita *conformidade com os princípios básicos* da legalidade, *da moralidade, da igualdade*, da publicidade, da probidade administrativa, da vinculação ao instrumento convocatório, do julgamento objetivo e dos que lhe são correlatos."

Nestes casos, fere-se o preceito constitucional da isonomia, que é, como se depreende do artigo acima, fundamento da Administração Pública e essencial para a validade dos processos licitatórios.

Não há isonomia de tratamento entre os concorrentes. Deram-se à empresa argentina todas as facilidades tributárias, aniquilando qualquer chance de concorrência.

Entender "proposta mais vantajosa", como preço mais baixo, seria, no mínimo, uma insensatez. Seria negar os princípios mais elementares que dão sustentação à administração pública. Observando o direito público como um conjunto de normas com que objetivam a satisfação coletiva, jamais se poderia admitir uma disparidade tão relevante e destrutiva para a sociedade brasileira.

Os princípios básicos da moralidade e da igualdade não estão aqui postos apenas como princípios filosóficos, de mera expectativa, e de aplicação subjetiva. Estão consignados para que, exatamente, em situações como esta a que nos deparamos, tenhamos uma solução adequada.

A Administração Pública tem o dever da boa administração. A ação do administrador deve apresentar, como resultado, uma efetiva satisfação das necessidades coletivas. Não basta obedecer à lei, terá que seguir as regras de moralidade, não podendo apresentar como resultado dessa atuação a falta de atendimento das necessidades coletivas.

O legislador vai mais adiante, sendo ainda mais específico e direto. No § 1º, incisos I e II, daquele artigo, assim coloca:

"§ 1º - É *vedado* aos agentes públicos:
I - *admitir, prever, incluir ou tolerar*, nos atos de convocação, cláusulas ou condições que comprometam, restrinjam ou frustrem o seu *caráter competitivo* e estabeleçam preferências ou *distinções* em razão da naturalidade, *da sede ou domicílio dos licitantes* ou de qualquer outra circunstância impertinente ou irrelevante para o específico objeto do contrato;
II - *estabelecer tratamento diferenciado de natureza comercial*, legal, trabalhista, previdenciária ou qualquer outra, entre *empresas brasileiras e estrangeiras*, inclusive no que se refere à moeda, modalidade e local de pagamentos, mesmo quando envolvidos financiamentos de agências internacionais, ressalvado o disposto no parágrafo seguinte e no art. 3º da lei nº 8.248, de 23 de outubro de 1991."

Ao referir-se aos atos de convocação, já veda qualquer distinção ou condição que frustre o caráter competitivo em decorrência da sede ou domicílio dos licitantes.

O princípio da igualdade entre os licitantes é impeditivo de qualquer discriminação entre os participantes da licitação. O julgamento não pode ser faccioso, desigualando os iguais ou igualando os desiguais.

Assim, no processo de licitação, deve haver, entre as partes, a igualdade de condições, para que o prestador seja o que mais convenha, ou da forma mais proveitosa ao desempenho da função administrativa.

2. Mercadoria com preço considerada comunitária

Estando errado o preço da concorrência por considerar *comunitária* mercadoria *não-comunitária*, o julgamento da licitação deve proceder-se com a correção da distorção, considerando o preço com as taxações e incidências alfandegárias devidas, bem como considerar a possibilidade da apreensão da mercadoria em fraude à norma comunitária. Permitir que as empresas argentinas se beneficiem do *drawback* e das vantagens aduaneiras do Tratado de Assunção configura, claramente, um tratamento diferenciado entre as empresas de todos os outros países do Mercosul e as brasileiras, tratamento que é expressamente vedado por lei.

A licitação em concorrência internacional deve considerar o preço das mercadorias originárias de outro Estado-Parte, mas desconsiderar o preço equivocado de mercadoria não-comunitária colocada como comunitária em afronta ao Tratado.

Estando errado o preço da concorrência por considerar comunitária mercadoria não-comunitária, o julgamento da licitação deve proceder-se com a correção da distorção, considerando o preço com as taxações e incidências alfandegárias devidas, bem como considerar a possibilidade da apreensão da mercadoria em fraude à norma comunitária.

3. Garantias da Constituição Federal

A Constituição Brasileira, já no seu art. 3º, cristaliza os "objetivos fundamentais da República Federativa do Brasil:

"[...]
II - garantir o desenvolvimento nacional;
III - erradicar a pobreza e a marginalização e reduzir as desigualdades sociais e regionais;"

Garantir o desenvolvimento nacional significa, nas mais simplórias das avaliações, garantir o mínimo de condições, aos brasileiros, e conseqüentemente às empresas brasileiras, para tal. Este preceito é expresso de maneira ainda mais clara no Art. 170, *in verbis*:

"A ordem econômica, fundada na valorização do trabalho humano e na livre iniciativa, tem por fim assegurar a todos existência digna, conforme os ditames da justiça social, observados os seguintes princípios:
IV - livre concorrência;
VII - redução das desigualdades regionais e sociais;"

O princípio da livre concorrência traduz-se, não por uma liberdade total, mas por uma política que permita, de maneira justa, efetiva e igualitária, a concorrência.

A política comercial econômica internacional tem como objetivo primordial a garantia de mercado para a produção doméstica, mediante uma política voltada para a estrutura industrial interna vigente, visando a produzir bens a preços competitivos, tanto interna como externamente.

Em direito público, o princípio geral é o de que as entidades estatais atuam sobre a base de textos expressos. Porém, esta afirmação deve ser interpretada de maneira racional, não sendo admissível um critério excessivamente literal, que desvirtue o verdadeiro alcance da norma.

O inciso II não pode, por ser um princípio constitucional, ser analisado restritivamente. Tem-se como óbvio que o constituinte, ao inserir esse princípio, num primeiro momento, referia-se às desigualdades entre as regiões brasileiras, e é exatamente por isso que, no que tange ao Mercosul, esse princípio é ainda mais aplicável.

Aceitar que a empresa argentina se beneficie do *drawback* e do tratamento tributário especial do Mercosul seria acarretar um desequilíbrio entre as empresas brasileiras e todas as empresas dos outros países do Mercosul. A conclusão a que poderíamos chegar é que para vender para o Brasil, com igualdade de condições, as empresas brasileiras deveriam instalar-se fora do Brasil. Aplicam-se, então, também, os incisos I e II do Art. 170 da Constituição Federal.

Capítulo IX

Fraude à norma alfandegária

1. Hipóteses de fraude à lei e os principais elementos de conexão

Conforme procuramos demonstrar, os princípios da nova ordem econômica internacional consolidaram a faculdade de que gozam os empresários de buscar novos mercados, de escolher ordens jurídicas onde a tributação seja mais moderada, menor a manipulação das taxas de juros internas e das taxas de câmbio e mais razoáveis os códigos que disciplinam os investimentos estrangeiros e as leis de remessas de lucros.

Isso representa o saudável planejamento das empresas, o gozo dos direitos de opção, liberdade de estabelecimento e realização de negócios por parte dos empresários.

Como já se disse, esta liberdade não implica procedimentos ilícitos pelo qual o empresário-contribuinte viola a sua obrigação tributária, ou recusa-se ao seu cumprimento.

Muitas vezes, o comerciante procura evitar a aplicação de certa norma tributária, praticando atos que visem a impedir a ocorrência do fato gerador da obrigação tributária em certa ordem jurídica, menos favorável, fazendo com que estes fatos ocorram em outra ordem jurídica mais favorável.

O caráter mais favorável da ordem jurídica escolhida não se traduz, necessariamente, numa ausência de tributação, podendo representar, tãosomente, busca de uma tributação mais moderada. O contribuinte tem esse direito.

Cumpre-nos analisar, portanto, quais são as situações que podem caracterizar conduta antijurídica por parte do contribuinte, e quando tal caracterização pode ser afastada.

2. Diferenças entre elisão fiscal e evasão fiscal

De imediato, impõe-se a diferenciação entre estas duas situações que, não raras vezes, são confundidas, e as expressões, usadas como sinônimos.

A *elisão fiscal internacional (tax avoidance)* não implica um ato ilícito através do qual o contribuinte viola sua obrigação tributária (conexa com mais de um ordenamento jurídico - fato misto ou multinacional), quando presta declarações falsas ou recusa-se ao seu cumprimento. Podemos considerar como elisão fiscal os atos praticados (em princípio lícitos) no âmbito da esfera de liberdade de organização mais racional dos interesses do contribuinte, face a uma pluralidade de regimes fiscais de ordenamentos distintos (conforme Alberto Xavier, ob. cit. p. 291).

A *evasão fiscal (tax evasion)*, por outro lado, e bem define Aliomar Baleeiro (1981, p. 152), "é o nome genérico dado à atitude do contribuinte que se nega ao sacrifício fiscal". Andrade Carvalho contribui, afirmando que "o termo evasão, que no sentido técnico-jurídico exprime um fato de quem se subtrai à esfera de custódia, na qual legitimamente se encontra, e que, segundo a etimologia, é a fuga de um lugar, de uma condição moral ou espiritual, é acolhido no direito tributário no significado geral de ato praticado pelo contribuinte para fugir, no todo (evasão total) ou em parte (evasão parcial) ao pagamento de um tributo" (Crime de Sonegação Fiscal: Lei nº 4.729, de 14 de julho de 1965, in *Direito Tributário*. 1971, pp. 276-7).

Com muita objetividade, Sampaio Dória (1977, pp. 21-2) explica que evasão fiscal *lato sensu* significa *toda e qualquer ação ou omissão que busca elidir, reduzir ou retardar o cumprimento de obrigação tributária*: "a ação ou omissão dos que estão adstritos à satisfação do dever fiscal resulta, por conseqüência, na supressão, diminuição ou adiamento de uma entrada financeira a uma pessoa jurídica de direito público (obrigação de pagar) e, excepcionalmente, no inadimplemento de obrigação tributária acessória (de fazer, não fazer ou suportar), que pode permitir ou ocultar a existência de evasão econômica primária", e, conclui, "direta ou indiretamente, o alvo principal da evasão é sempre uma receita de natureza tributária".

Alguns doutrinadores afirmam que a evasão fiscal pode ser, ainda, legítima ou ilegítima. Pode-se considerar legítima quando o contribuinte evita a incidência do encargo tributário, não praticando o ato que o obrigaria ao pagamento do imposto. Subtraindo-se a ele, coloca-se fora do alcance e das condições, em que a lei o compeliria à obrigação de prestá-lo. *Ilegítima* é a evasão, quando o contribuinte se utiliza de processos ou manobras ilícitas ou irregulares, defesos em lei, procurando fugir ao pagamento dos impostos devidos, como, *v.g.*, quando pratica contrabando ou sonegação.

Vê-se, portanto, que a "evasão fiscal legítima" - considerada por alguns juristas, e a "elisão fiscal internacional" se confundem, pois ambas procuram afastar a norma de incidência tributária, não incorrendo para isto em fraude ou dolo.

A elisão fiscal internacional tem a mesma natureza jurídica da elisão fiscal no Direito Tributário interno. Como assevera Alberto Xavier (ob. cit., pp. 293-4): "trata-se da prática de ato ou conjunto de atos (operações), no âmbito da esfera concedida aos particulares pelo princípio da legalidade ou tipicidade da tributação, e que têm como efeito a aplicação de regime tributário menos oneroso do que se aplicaria sem que tal ato ou conjunto de atos tivesse sido praticado". Observa o mesmo autor, que "a peculiaridade que o fenômeno reveste na esfera internacional é que tal ato ou conjunto de atos visa atuar, direta ou indiretamente, no elemento de conexão da norma de conflito, em termos de arrastar a aplicação do regime fiscal mais favorável, seja ele decorrente de tratado ou de direito interno estrangeiro".

Desta forma, o contribuinte pode realizar um negócio menos oneroso, no aspecto fiscal, colocando-se em situação tal que o fato tributário não esteja no âmbito de aplicação de qualquer das normas potencialmente aplicáveis: *conflito negativo de leis*. O contribuinte pode, além de evitar a incidência do tributo, simplesmente reduzi-lo, colocando-se sob a incidência de um tipo legal cujas conseqüências fiscais sejam menos onerosas, procurando localizar o fato tributário no território, ou territórios, mais favoráveis.

Vale a pena ter presente uma passagem de Alberto Xavier (ob. cit., pp. 292-3), quando diz:

> "A essência da figura da elisão fiscal reside precisamente nesta faculdade de eleição da ordem tributária aplicável, não por uma via direta (como sucede no Direito Internacional Privado em matéria de contratos), incompatível com o princípio da legalidade em matéria de tributos, mas pela via indireta de *localizar* certo fato ou fatos num dado ordenamento ou território, exercendo uma influência voluntária no *elemento de conexão* da norma de conflitos, em termos tais que o fato jurídico em que este se traduz arraste a aplicação do ordenamento mais favorável"

Assim, a elisão fiscal pode ser *subjetiva* e *objetiva*. É *subjetiva*, quando opera através de um elemento de conexão subjetivo: residência ou domicílio do contribuinte. É *objetiva*, quando envolve um elemento de conexão objetivo: local da fonte de produção, do pagamento ou rendimento, local do exercício da atividade.

Atuando sobre o elemento de conexão objetivo, o contribuinte pode:

a) dividir o rendimento entre territórios fiscais distintos;

b) acumular o rendimento num território fiscal mais favorável;

c) transferir o rendimento para um ordenamento onde o tratamento fiscal seja mais favorável.

Conclui-se, portanto, que há considerável diferença entre a prática de *elisão* e *evasão fiscal*.

A primeira encaixa-se dentro da esfera de liberdade de ação do contribuinte que, indiretamente, pode eleger uma ordem tributária mais favorável para a realização de seus negócios, atuando sobre o elemento de conexão. De tal forma que sobre o fato jurídico sejam aplicadas normas tributárias mais favoráveis.

A segunda implica a prática de ato ou atos que visam a *evitar*, *retardar* ou *reduzir* a ocorrência do fato gerador da obrigação tributária - principal: não pagar o tributo, diferir seu pagamento, ou pagar menos que o devido.

3. Simulação, fraude e abuso de direito

Ficaram demonstradas as diferenças entre "elisão" e "evasão fiscal". Da mesma forma não podemos confundir elisão fiscal com *simulação, fraude* e *abuso de direito*.

a) Simulação

As noções de simulação apresentadas pelos doutrinadores são, em linhas gerais, coincidentes. Para Acuña Anzorena (1936, p. 14), "hay simulación toda vez que exista una disconformidad intencional entre la voluntad y su declaración, acordada entre partes con el fin de engañar a terceros". A doutrina posterior se ajustou a esta concepção. Para Borda (1965. Tomo II, nº 1172, p. 239): "acto simulado es aquel que tiene una apariencia distinta de la realidad".

O que interessa, dentre estas definições que podem se multiplicar, é assinalar que em todas elas se parte da existência de uma divergência entre as partes para celebrar um ato jurídico (ostensivo ou aparente) desejado somente para encobrir outro ato ou omissões (oculto ou encoberto) com a finalidade de enganar terceiros.

Comparando a elisão fiscal com a simulação, vê-se, claramente, que nesta última há sempre uma divergência entre a vontade real e a declarada, enquanto na primeira os efeitos dos atos jurídicos correspondem precisamente à vontade de quem os praticou.

Não podemos, a rigor, confundir simulação com falsidade. Aquela visa a esconder a verdade acerca do que se fez, procura aparentar o que não é real. Simulação é, pois, disfarce, artifício ou fingimento na prática ou na execução de um ato. Implica enganar ou mostrar o irreal como verdadeiro; é vício que já surge com a própria feitura do ato. A falsidade, por outro lado, é vício que pode somente vir no ato escrito, na sua feitura, ou, às vezes, posteriormente, com a intenção de prejudicar a outra parte.

Simulação também não é dissimulação, pois esta é mero ato de ocultação para encobrir a realidade do que se fez ou se executou, é o acobertamento da verdade. A primeira é a adulteração intencional que visa a substituir a verdade por uma falsa idéia.

Para caraterizar a simulação fiscal, deve o contribuinte praticar um ato sob aparência de outro, escondendo a realidade do que pretende. Assim já estava na regra: *Plus valere quod agitur, quam quod simulate concipitur.*

No Direito Romano, já era princípio consolidado que, quando as partes, voluntariamente ou por erro, dão a um ato uma qualificação supondo condições que não se acham reunidas na espécie, o ato não será menos válido ou eficaz, desde que a intenção das partes seja suscetível de ser realizada. Somente não se aplicava esta regra quando a simulação era praticada *in fraudem legis*, conforme Maynz (*Droit Romain*, vol.1, p. 468).

b) Fraude

O que caracteriza a *fraude fiscal* é a violação direta e frontal das normas jurídicas, p. ex.: falso balanço, declarações falsas, operações fictícias.

Derivado do latim *fraus, fraudis*, a conduta fraudulenta implica engano, má-fé, logro. É o engano malicioso ou a ação astuciosa, eivada da má-fé que visa a ocultar a verdade ou fugir ao cumprimento do dever.

Não se pode confundir fraude com dolo. A primeira traz consigo o sentido do engano; o segundo representa uma manobra ardilosa para induzir outrem à prática de ato que pode lhe acarretar prejuízo. A fraude implica a prática de ato lesivo a interesses de terceiros ou da coletividade; o fraudador objetiva escapar às suas obrigações; já o dolo representa a astúcia diretamente contra aquele com quem se contrata.

A fraude fiscal implica a contravenção às leis ou regras fiscais, objetivando fugir ao pagamento do imposto ou a alteração da qualidade ou procedência de uma mercadoria por outra. O contrabando, p. ex., além de representar uma fraude penal, é uma fraude fiscal.

c) Fraude à Lei Alfandegária
Observa Giovanni Giacobbe (*apud* Alberto Xavier, ob. cit., p. 295), que a figura da *fraus legis* se caracteriza por dois traços fundamentais: "evitar a aplicação de regra imperativa de certo ordenamento, mediante a prática de atos ou conjunto de atos, em si mesmo lícitos, que simultaneamente não configuram pressuposto da aplicação da norma fraudada e desencadeiam a aplicação de regime jurídico mais favorável para os interesses das partes".

As modalidades de fraudar a lei, no Direito Internacional Privado e no Direito Tributário Internacional, são muito semelhantes: alterando-se o elemento de conexão, afasta-se a aplicação da norma imperativa designada pela ordem jurídica como competente para a espécie. O mesmo ocorre no Direito Alfandegário, uma subdivisão do Direito Tributário.

Como ocorre a fuga à norma imperativa?

Diz-nos Isabel de Magalhães Collaço (1959, p. 217), que isso ocorre "pelo meio específico da alteração das condições de fato ou de direito de que resulta, nas relações privadas ou fiscais internacionais, a designação da ordem competente para reger dada questão".

Tanto em Direito Internacional Privado, como em Direito Tributário Internacional, *as conexões das normas de conflito podem ser deslocadas pela ação das partes*. Maria Isabel Jalles (1975, p. 65) exemplifica, dizendo que os interessados podem influenciar voluntariamente o domicílio da pessoa singular, transferindo-o, a sede da pessoa coletiva (jurídica), o lugar de instalação do estabelecimento estável, o local de produção do rendimento, o lugar da abertura da herança, etc.

Frente a essa realidade, Baptista Machado (1990, pp. 273-275) questiona se "poderão as partes, então, manejando os elementos de conexão como alavancas de comando, determinar a seu arbítrio a lei aplicável? Internacionalizando artificialmente a situação, poderão aproveitar-se das normas de conflitos para se beneficiarem da aplicação da lei que lhe for mais vantajosa?". Segundo este mesmo autor, assim como no Direito Internacional Privado, vamos encontrar soluções para, em certos casos, declarar ineficazes certas atuações que caracterizam a fuga de uma ordem jurídica para outra, assim também a evolução recente do Direito Tributário Internacional revela reações que contrariam a liberdade absoluta de os particulares modelarem, localizarem ou deslocalizarem as conexões relevantes para efeitos tributários.

Vê-se, portanto, que não podemos fazer generalizações. As situações devem ser analisadas casuisticamente, para, então, determinarmos se houve ou não fraude. Alberto Xavier (ob. cit., p. 296), oportunamente, observa que uma das complexidades e, ao mesmo tempo, fragilidades da teoria da fraude à lei "consiste na pressuposição, por parte dos ordenamentos em presença, de que existe uma conexão *normal* ou *natural* para reger uma dada situação, conexão essa às quais os particulares tentam escapar pela atividade fraudatória".

Certamente, a caracterização da fraude partirá de um dado ordenamento jurídico que se considera avidamente competente para tributar a situação, caso o elemento de conexão não tivesse sido manipulado artificialmente. Essa conotação de se foi ou não *manipulado artificialmente* partirá desse mesmo ordenamento jurídico que se reputa com competência para aplicar as suas leis fiscais.

Em vários julgados, a Câmara Superior de Recursos Fiscais (CSRF) tem entendido que a utilização de documentos falsos para explicar despesas constitui fraude, como, *v.g.*, o Acórdão CSRF/01.0351, segundo o qual a utilização de documentos ideologicamente falsos, para comprovar a realização de custos ou despesas operacionais, constitui fraude e significa a aplicação de multa de 150%.

O art. 172 da Lei 4.502/64 define a fraude como:

"Toda ação ou omissão dolosa tendente a impedir ou retardar, total ou parcialmente a ocorrência do fato gerador da obrigação tributária principal, ou a excluir ou modificar as suas características essenciais, de modo a reduzir o montante do imposto devido, ou a evitar ou diferir o seu pagamento".

As multas aplicáveis são as previstas em lei para cada espécie de infração. Se mais de uma irregularidade for apontada na mesma peça fiscal e diferentes forem as penalidades estabelecidas em lei: compete à autoridade fiscal atentar para a natureza das infrações apuradas, aplicando as sanções fixadas especificamente para cada espécie.

O legislador, ao prever as penalidades cabíveis, leva em conta a natureza da infração (gravidade e conseqüências dela advindas), e não o possível descumpridor da norma ou a espécie do fato gerador da obrigação tributária transgredida (Acórdão nº CSRF/01-0.020).

Assim, também temos a fraude à Lei Aduaneira e a fraude à Lei Comunitária.

Quando alguém tenta deslocar o elemento de conexão de forma unilateral, modificando conceitos para evitar a incidência de norma aduaneira a fim de pagar impostos, pratica uma fraude à norma aduaneira. Se esta infração implica a violação dos princípios do Tratado, dos princípios da integração, pratica também a fraude à lei comunitária.

Vimos que o *drawback* deve ser utilizado se e somente se a mercadoria for exportada para fora do *território aduaneiro comunitário*. Vimos que é proibida a utilização de *drawback* em *mercadoria comunitária*.

Sabemos que a lei do *drawback* é usada para benefício à exportação. Sabemos que não incidirá imposto sobre insumos que integram uma mercadoria, porque ela será exportada para fora do território aduaneiro.

Sabemos que há um Tratado de não-incidência aduaneira do Brasil para os demais Estados-Membros do Mercosul.

Ora, também sabemos que não podemos ler uma lei isoladamente, porque sabemos que as leis são um todo harmônico.

Então, sabemos, por óbvio, que tentar isolar a incidência das leis para obter vantagem concorrencial é prática de concorrência desleal e é prática de fraude aos objetivos da Lei.

De sorte que não se pode entender *drawback* separadamente sem entender o que ele significa para o direito comunitário. Onde se lê *território aduaneiro*, passa-se a ler *território aduaneiro comunitário* e é o que basta para tornar claro que o *drawback* não pode ser usado quando for feito com o objetivo de "exportar" para o território comunitário.

Quando o Tratado fala em *"mesmo tratamento ao produto nacional"* exclui a possibilidade do *drawback*, porquanto não haveria "mesmo tratamento".

Não se pode falar em elisão da norma aduaneira ao usar o *drawback* porque o objetivo de seu uso não é exportar para fora do território aduaneiro comunitário, mas sim evitar a incidência do art. 7º do Tratado de Assunção, para *evitar que o produto argentino*, no caso, *tenha o mesmo tratamento do produto nacional com o propósito de superar concorrência*.

Há, portanto, evidente fraude ao art. 7º do Tratado do Mercosul.

Do mesmo modo, em uma concorrência pública internacional, conseqüencialmente, a autoridade julgadora não pode considerar o preço do produto como se fosse um produto comunitário, porque este só será se não tiver o benefício de *drawback*, ou seja, tiver o mesmo tratamento do produto nacional.

Destarte, pelo art. 48, II, "Serão desclassificadas: "[...] as propostas com preços [...] manifestamente inexeqüíveis". Trata-se de proposta inexeqüível aquela que se baseia na isenção por *drawback* para insumos de sua mercadoria com intenções de utilização comunitária. Seria exeqüível se e somente se a lei fosse contrariada.

As empresas argentinas poderão beneficiar-se do *drawback* para produção da mercadoria, mas será inexeqüível que pratiquem esse preço no Brasil, se cumprirem a lei, pois as mesmas pagarão tributos de importação.

O preço é, portanto, inexeqüível, impraticável. As empresas públicas brasileiras não poderão obter a mercadoria pelo preço apresentado. A proposta seria baseada em benefício ilegal, que a empresa pública brasileira não irá gozar, frustrando o eventual contrato.

A proposta que veicula valores incompatíveis com os preços finais dos insumos, sem os acréscimos dos respectivos encargos, não deve ser admitida.

É notavelmente importante o fato de que as empresas argentinas podem fazer produtos com o preço ofertado, mas o cliente - a empresa pública brasileira - não conseguirá colocá-la no Brasil por este preço; seja qual for o critério adotado, o julgamento da licitação está vinculado à totalidade dos princípios, e não apenas das normas isoladas (art. 44, *caput*, da Lei 8.666/93); haverá, então, de resguardar a necessária isonomia entre as partes e perceber que não poderá ingressar a mercadoria no país pelo preço que contém insumo com *drawback*, como se fosse produto comunitário, *porque estaria sujeita a sanções da lei aduaneira, uma vez que não existe o benefício do Tratado*.

As empresas argentinas não podem apresentar preços que, de fato, não poderão cumprir. Em assim procedendo, estarão ludibriando a Administração Pública e prejudicando as demais empresas integrantes da concorrência, sejam elas brasileiras ou estrangeiras.

Capítulo X

Produto nacional

1. Percentual do produto comunitário

Produto nacional é aquele em que o valor dos insumos, seu preço CIF-porto de destino, não exceda a 50% do valor FOB de exportação da mercadoria comunitária.

O percentual do produto comunitário é considerado pelo Tratado em seu Anexo II, art. 2º, que estabelece:

"o valor CIF do porto de destino ou CIF porto marítimo dos materiais de terceiros países não exceda a 50% do valor FOB de exportação das mercadorias de que se trata".

Este critério, explica-nos o autor argentino Jose Maria Moreno (1993, p. 397), trata-se do mesmo critério para o *sistema generalizado de preferências:*

"Para disfrutar del trato arancelario preferencial, el esquema de los EE.UU. tiene las siguientes normas: [...] b) El producto deberá ser originario del país exportador-beneficiario. El criterio de 'origen' para las exportaciones a los EE.UU. es el siguiente: [...] f) Las importaciones de artículos a los EE.UU., provenientes del país beneficiario, no deberán [...] representar más del 50% del total de las importaciones de ese artículo a los EE.UU. de todas las fuentes".

Este é o mesmo critério do Tratado de Assunção.

Conclusão

Entendemos que é nossa obrigação apresentar o problema jurídico que ocorre e prejudica o país e a integração e com finalidade de alertar e sugerir providências às autoridades brasileiras competentes, baseado em decisão da Corte de Justiça Européia, bem como seria útil pensar que o Ministério das Relações Exteriores promovesse a competente reclamação ao país-membro, República Argentina.

Temos certeza de que as autoridades brasileiras do controle de comércio exterior poderiam entender conveniente a adoção de medidas preventivas como certificado de origem de insumos das mercadorias, com uma declaração de que a mercadoria não contém insumos que se utilizaram do benefício de *drawback* ou outra isenção semelhante.

A fim de evitar maiores danos à integração, poderia o Ministério das Relações Exteriores brasileiro diligenciar junto à República Argentina a fim de coibir estas práticas maléficas ao país e à integração, sugerindo-se que a Argentina faça quanto às suas exportações para o Brasil o mesmo que o DECEX faz para as exportações brasileiras: não permitir a exportação para estado-membro de produtos que tenham se utilizado com benefícios de *drawback*.

Nossa obra tem a intenção de divulgar e também de levar ao conhecimento da Comissão de Política Aduaneira, Secretaria da Receita Federal, Superintendências Regionais e Inspetorias de Alfândegas para que tomem providências a fim de desistimular a entrada de mercadorias importadas com este tipo de fraude à lei fiscal brasileira e à própria lei comunitária. Quem sabe a adoção de medidas preventivas, como certificado de origem de insumos das mercadorias, com uma declaração de que a mercadoria não contém insumos que se utilizaram do benefício de *drawback* ou outra isenção semelhante, já não seria uma solução importante.

Esta é a nossa observação, que colocamos à alta consideração dos senhores leitores, para levar em conta estes importantes e graves pontos que estão a prejudicar a vida jurídica de nossa almejada integração.

- Mercadoria que utiliza insumos com *drawback* não pode ser considerada mercadoria comunitária e, portanto, não pode ser beneficiária do Tratado de Assunção.

- Critérios de origem da mercadoria para considerá-la como comunitária, art. 2º do Anexo II do Tratado de Assunção.

- As autoridades alfandegárias brasileiras estão autorizadas a atuar com o escopo de coibir o abuso que está ocorrendo nas exportações de países do Mercosul para o Brasil, e em concorrências públicas estas autoridades devem ser rigorosas nas avaliações de propostas.

- A avaliação em concorrência pública internacional deve desclassificar proposta que apresenta preço que considera mercadoria comunitária aquela que tem insumos importados com benefício de *drawback*, porque é preço inexeqüível.
- Inteligência do art. 48, II, da Lei 8.666/93 combinado com o art. 7º do Tratado de Assunção.

Bibliografia

ACEBAL, Oscar Ricardo. *Técnicas de exportación*. Sta. Fé: Rubinzal-Culzoni, 1991.
BALDÓ DEL CASTAÑO, V. *Conceptos fundamentales del derecho mercantil*. Barcelona: Marcombo, 1974.
BALL & ROSE, *Principles of business law*. London: Sweet & Maxwell. 1979.
BARBI, Celso Agrícola. *Comentários ao Código de Processo Civil*. Rio de Janeiro: Forense, 1981. V. II.
BASSO, Maristela. *Da aplicação do direito estrangeiro pelo juiz nacional*. São Paulo: Saraiva, 1988.
BAUGHN & MANDICH. *The international banking handbook*. Homewood. Dow Jones-Irvin. 1983.
BEHRENDS, Frederico L. *Comércio Exterior*. Porto Alegre: Ortiz, 1993.
BEVILÁQUA, Clóvis. *Direito internacional privado*. Salvador: Magalhães, 1906.
——. *Princípios elementares de Direito Internacional Privado*. Salvador: José Luiz da Fonseca Magalhães. 1906.
BERLIRI, Antônio. *Principios de derecho tributário*, V. III. Editorial de Derecho Financiero, 1973.
BOGGIANO, Antônio. *Derecho internacional privado*. Buenos Aires: Depalma, 1978.
BONILLA, Sergio Abreu. *Mercosur e integración*. Montevideo: Fundación de Cultura Universitária, 1991.
BRIERLY, James Leslie. *Direito internacional*. Lisboa: Calouste Gulbenkian, 1979, 4. ed.
BROWNLIE, Ian. *Basic documents in international law*. Oxford: Claredon Press, 1983, 3.ed.
CÁRDENAS, Juan Pablo. *El contrato de agencia mercantil*. Bogotá: Temis, 1984.

CARVALHO DE MENDONÇA, J. X. *Tratado de direito comercial brasileiro*. Rio de Janeiro: Freitas Bastos, 1934.
CARVALHO SANTOS, J. M. *Código civil brasileiro interpretado*. Rio de Janeiro: Freitas Bastos, 1980. 12.ed.
CAVALCANTI, Fernando G. M. *Comércio exterior e contrato de câmbio de exportação*. Rio de Janeiro: Freitas Bastos, 1981.
CHIOVENDA. *Instituições de direito processual civil*. São Paulo: Saraiva, 1942.
CIRNE LIMA, Rui. *Lacunas e conflitos de leis*. Porto Alegre: Sulina, 1963.
DAEMON, COLAIACOVO & SIERRA. *Negociações comerciais internacionais*. Rio de Janeiro: Fundação Getúlio Vargas, 1982.
DURRUPÉ, Jean. *Droit international privé*. Paris: Dalloz, 1973. 3.ed.
DOERNBERG, Richard L. *International taxation*. Saint Paul: West Publishing. 1989.
DOLINGER, Jacob. *Direito internacional privado*. Rio de Janeiro: Freitas Bastos. 1986.
DOLINGER, Jacob & TIBÚRCIO, Carmen. *Vade-Mecum de direito internacional privado*. Rio de Janeiro: Renovar, 1994.
DROMI, EKMEKDJIAN & RIVERA. *Derecho comunitário: sistemas de integración régimen del mercosur*. Buenos Aires: Ciudad Argentina, 1995.
EZER, Shaul. *International exporting agreements*. New York: Mathew Bender. 1986.
FARIA, Bento de. *Da condição dos estrangeiros e o código de direito internacional privado*. Rio de Janeiro: Ribeiro dos Santos. 1930.
FERREIRA, Aldo Leão. *Mercosul: comentários sobre o Tratado de Assunção e o Protocolo de Brasília*. Porto Alegre: Livraria do Advogado. 1994.
FLORES, Orlando Raúl. *Comércio internacional y régimen aduaneiro*. Mendoza: Ediciones Jurídicas Cuyo, 1993.
FOLSON, Ralph H. et alii. *International business transactions*. Saint Paul: West Publishing. 1989.
GUIMARÃES, Marco Antônio Miranda. *Advocacia para Exportação: Métodos Jurídicos de comércio internacional*. Porto Alegre: Sul-Riograndense, 1991.
HANNOLD, John. *Uniform law for international sales*. Deventer. Kluwer. 1982.
INSTITUTO INTERAMERICANO DE ESTUDIOS JURÍDICOS INTERNACIONALES. *Derecho de la integración latino americana*. Buenos Aires: Depalma, 1969.
LABATUT, Ênio Neves. *Política de comércio exterior*. São Paulo: Aduaneiras, 1994.

LALANNE, Pedro F. *Derecho aduaneiro*. Buenos Aires: Depalma, 1966.
LEVI, Edward. *An introduction to legal reasoning*. Chicago: Chicago.
LOPES, Mauro Brandão, *Cambial em moeda estrangeira*. São Paulo: Revista dos Tribunais, 1978.
MARTINS, Wanda. *A CEE ao alcance de todos*. Lisboa: Rei dos Livros.
MEDEIROS, Antônio Paulo Cachapuz de. *O poder de celebrar tratados*. Porto Alegre: Sérgio A. Fabris Editor, 1995.
PERIA, Milve Antônio, *Câmbio: conhecimentos gerais*. São Paulo: Aduaneiras, 1988.
RATTI, Bruno. *Comércio internacional e câmbio*. São Paulo: Aduaneiras, 1993.
――――. *Vade-Mecum de comércio internacional e câmbio*. São Paulo: Aduaneiras, 1991.
RODRIGUEZ-PASTOR, Carlos. *Prólogo, Contratos de Comércio Internacional*. Lima: Fundo Editorial. 1550.
SCHMITTHOFF, Clive M. *Schimitthoff's export trade: The law & practice of international trade*. London: Stevens, 1990.
SCHREIBER, Rupert. *Lógica del derecho*. Buenos Aires: Sur. 1977.
SQUIRES, Lynn & ROMBAUER, Marjorie. *Legal Writing*. Saint Paul: West Publishing, 1989.
STRENGER, Irineu. *Direito internacional privado*. São Paulo: Revista dos Tribunais, 1986.
SÜSSEKIND, Arnaldo. *Tratados ratificados pelo Brasil*. Rio de Janeiro: Freitas Bastos, 1981.
VIANA, Bomfim. *Fundamentos das exceções cambiárias*. Rio de Janeiro: Forense, 1980.
WELLS and DULAT. *Exporting from start to finance*. Liberty House, 1989.
XAVIER, Alberto. *Direito tributário internacional*. Coimbra: Almendina, 1993.
ZERBINI, Victor A. *Câmbio e comércio exterior*. Resenha Universitária, 1978.

Índice onomástico

ACUÑA ANZORENA - 62
ANDRADE CARVALHO - 58, 59
BALEEIRO, Aliomar - 58
BAPTISTA MACHADO - 66
BETTI - 15
BEVILÁQUA, Clóvis - 13, 15, 16, 17
BORDA - 62
CAMPOS, J.M. -20, 21, 47
CIRNE LIMA, Rui - 14, 15, 16
DERRUPPÉ, Jean - 14, 15, 17, 18
GIACOBBE, Giovanni - 65
JALLES, Maria Isabel - 65
MAGALHÃES COLLAÇO, Isabel - 65
MAYNZ - 64
MORENO, Jose Maria - 71
RODRIGUEZ-PASTOR, Carlos - 36
SAMPAIO DÓRIA - 59
SOSA - 40
XAVIER, Alberto - 60, 61, 66

Índice analítico

ABUSO DE DIREITO - 62

CARTELIZAÇÃO - 27
COMÉRCIO INTERNACIONAL -13, 30, 34, 36
COMPETÊNCIA INTERNACIONAL - 18, 19
CONCORRÊNCIA - 23, 33
CONFLITO DE JURISDIÇÃO - 17, 18
CONFLITO DE LEIS - 14, 16, 17
CONVENÇÃO INTERNACIONAL - 14

DRAWBACK
Draubaque- 20, 21, 23, 24, 37, 42, 45, 46, 47, 49, 50, 54, 56, 68, 69, 70
DUMPING - 27

ELISÃO FISCAL - 58, 60, 61, 62, 63
ESTRATÉGIA COMERCIAL - 36
EVASÃO FISCAL - 58, 59, 60, 62

FMI - 28
FRAUDE FISCAL - 64, 65, 66, 67
FORO - 16, 17

GAAT - 28, 29

INTEGRAÇÃO ECONÔMICA - 24, 38, 68
INTERDEPENDÊNCIA - 33, 34
INTERNACIONALIZAÇÃO - 30, 33

JOIN VENTURE - 30, 33
JULGAMENTO DE LICITAÇÃO - 51, 53, 54

LACUNAS "AB EXTRA" - 14, 15, 17
LACUNAS "AB INTRA" - 14, 15
LEI - 13, 16, 17
LIVRE CONCORRÊNCIA - 55

MERCADO COMUM - 20, 24, 33, 38, 39, 40
MERCADO COMUM EUROPEU - 40, 47, 49
MERCADORIA COMUNITÁRIA - 20, 21, 23, 48, 49, 54, 68, 71
MERCOSUL - 23, 24, 25, 40, 49, 54, 56, 68
MULTINACIONAIS - 30

OBSTACULARIZAÇÃO DOS DESVIOS - 20
ONU - 27

PLANEJAMENTO FISCAL, *TAX PLANNING* - 31
PRODUTO NACIONAL - 37, 45, 71

SIMULAÇÃO - 62, 63

TERRITÓRIO ADUANEIRO - 20, 39, 40, 41, 42, 46, 68
TERRITÓRIO ADUANEIRO COMUNITÁRIO - 68, 69
TRÂNSITO COMUNITÁRIO EXTERNO - 48

UNIÃO ADUANEIRA - 38, 39, 40, 45

ZONA DE LIVRE COMÉRCIO - 37, 38, 39, 40, 45

Pallotti

Av. Plínio Brasil Milano, 2145
Fone 341-0455 - P. Alegre - RS